AF253931

DES RELATIONS

DE JEAN DE LA FONTAINE

AVEC LOUIS-JOSEPH, DUC DE VENDOME,

ET PHILIPPE, GRAND-PRIEUR DE MALTE,

Par M. Ch. Chautard.

1863.

Je me propose de vous entretenir des relations de La Fontaine avec deux princes de la maison de Vendôme. J'aurais voulu que cette étude se rattachât plus directement au Vendomois par quelques faits de la vie de son dernier duc relatifs à notre pays ; mais cette vie se passa à la cour, au château d'Anet, ou dans les camps, et j'ignore même si Louis-Joseph vint jamais à Vendôme autrement peut-être qu'en le traversant pour se rendre en Espagne. Vous savez d'ailleurs que, longtemps avant lui, les seigneurs ne connaissaient plus guère leurs duchés ou leurs comtés que par les revenus qu'ils en retiraient, et ceux du duché de Vendôme étaient alors fort amoindris.

Je n'ai point l'intention d'écrire la biographie du général et du grand-prieur ; je laisse ce soin à quelqu'un de vous qui, mieux que moi, saura s'en acquitter. J'ai moins encore la prétention d'essayer, après tant d'autres, une étude sur La Fontaine ; j'eusse été détourné de cette tentation, si elle m'était venue, en lisant, parmi les nombreux travaux de tant d'esprits distingués qui se sont laissés aller au charme d'analyser les œuvres de ce poëte vraiment inimitable, le long et consciencieux ouvrage de Walkenaer, les minutieuses études de M. Taine, et le livre charmant que vient de publier un spirituel professeur, M. de Margery, qui, le premier, enseigna la philosophie dans notre ville, lorsque le vieux collége de César de Vendôme devint collége royal, et qui, dans ses cours de la Faculté de Nancy, a étudié La Fontaine moraliste.

Je me bornerai, et cette tâche même dépasserait mes forces, si je n'espérais, par de nombreuses citations, donner quelque intérêt à cette causerie, je me bornerai à vous parler des rapports ayant existé entre La Fontaine et ces deux princes de Vendôme qui, dans les fameux soupers du Temple, où les entretiens n'étaient pas toujours purement littéraires, aimaient cependant à s'entourer de gens de lettres. J'essaierai de vous montrer le duc de Vendôme dans un coin de sa vie privée, moins belle assurément que sa vie publique; et si la grave histoire a surtout gardé le souvenir des services politiques et des victoires du grand général, en laissant dans l'ombre les taches qui éclipsent sa gloire, peut-être est-il permis de chercher, dans les mémoires contemporains, à percer ces ombres, et à voir, jusque dans son *déshabillé* (le mot est du duc de Saint-Simon, et je supprime l'épithète), à voir le grand homme, qui du moins devant vous, Messieurs, gardera sa robe de chambre. J'essaierai d'entrer au Temple avec vous, d'assister, à distance, à l'un de ses soupers, et de ne vous en redire que ce qui ne devra point vous scandaliser; quand je ne pourrai tout dire, je mettrai des points... et je renverrai les plus curieux aux Mémoires du duc de Saint-Simon, qui n'en met pas. Je m'efforcerai de rester grave avec des personnages qui ne l'étaient guère, après boire, et j'espère ainsi, Messieurs, me recevoir de vous pas même un premier avertissement.

I.

Louis-Joseph, duc de Vendôme, né à Paris en 1654, était fils de Louis, duc de Mercœur, depuis cardinal de Vendôme, et de Laure Mancini, la seule des nièces de Mazarin qui ne fut point galante, et petit-fils de César, l'aîné des enfants d'Henri IV et de Gabrielle d'Estrées. Neveu du duc de Beaufort, il eut plus d'un point de ressemblance avec ce *roi des Halles*, et pour plus d'un côté aussi tenait du Béarnais, dont il avait, à des degrés divers, les qualités et les défauts. Il le savait bien, quand à Philippe V, étonné de trouver tant de ressources et tant d'esprit chez le fils d'un personnage honnête, mais nul, comme l'était le duc de Mercœur, il répondait: « Mon esprit vient de plus loin. »

« Il était, dit Saint-Simon dans ses Mémoires, d'une taille ordinaire pour la hauteur, un peu gros, mais vigoureux, fort et alerte; un visage fort noble et l'air haut; de la grâce

naturelle dans le maintien et dans la parole (¹); beaucoup
d'esprit naturel qu'il n'avoit jamais cultivé, une énonciation
facile, soutenue d'une hardiesse naturelle, qui se tourna
depuis en audace la plus effrénée; beaucoup de connaissance du monde, de la cour, des personnages successifs, et
sous une apparente incurie un soin et une adresse conti-
nuelle à en profiter en tout genre, surtout admirable cour-
tisan, et qui sut tirer avantage jusque de ses plus grands
vices, à l'abri du foible du Roi pour sa naissance ; poli par
art, mais avec un choix et une mesure avare ; insolent à
l'excès dès qu'il crut le pouvoir oser impunément, et en
même temps familier et populaire avec le commun, par une
affectation qui voiloit sa vanité et le faisoit aimer du vul-
gaire ; au fond, l'orgueil même, et un orgueil qui vouloit
tout, qui dévoroit tout. A mesure que son rang s'éleva et
que sa fortune augmenta, sa hauteur, son peu de ménage-
ment, son opiniâtreté jusqu'à l'entêtement, tout cela crut à
proportion, jusqu'à se rendre inutile toute espèce d'avis, et
ne se rendre accessible qu'à un nombre très-petit de fami-
liers et à ses valets. La louange, puis l'admiration, enfin
l'adoration furent le canal unique par lequel on put appro-
cher de ce demi-dieu, qui soutenoit des thèses ineptes,
sans que personne osât, non pas contredire, mais ne pas
approuver. — Sa paresse étoit à un point qui ne se peut
concevoir. Il a pensé être enlevé plus d'une fois pour s'être
opiniâtré dans un logement plus commode, mais trop éloigné. et risqué le succès de ses campagnes. — Sa saleté étoit
extrême ; il en tiroit vanité; les sots le trouvoient un homme
simple.... (²) »

Il semble que Saint-Simon se soit plu à peindre jusque
dans ses plus infimes détails le portrait de ce haut personnage; il va jusqu'à nommer le siége sur lequel il reçut
l'ambassadeur de Parme, Albéroni, et à rappeler, en cette
audience, les faits et gestes du futur cardinal. Le long extrait que je viens de vous lire vous ferait assez connaître le

<hr>

(¹) Il existe à Vendôme deux portraits du duc, qui confirment
ce que dit Saint-Simon de la beauté de ses traits: l'un est au
parloir du lycée ; l'autre, dans le salon de l'ancien hôtel du
gouverneur de la ville (maison de M. Peltereau, notaire). Ce
dernier, placé autrefois dans une boiserie, paraît avoir été fait
du vivant du duc, et porte au dos cette inscription : « *Portrait
de Mgr. le duc de Vendôme, général des armées du Roy.* »

(²) Mémoires du duc de Saint-Simon, éd. Cheruel, t. V,
p. 132 et suivantes.

duc de Vendôme, si le peintre, plus impartial, eût parlé des grandes et incontestables qualités du guerrier; il se contente d'ajouter : « Il vouloit passer pour le premier capitaine de son siècle. Le soldat et le bas-officier l'adoroient pour sa familiarité avec eux et la licence qu'il toleroit pour s'en gagner les cœurs, dont il se dédommageoit par une hauteur sans mesure avec tout ce qui étoit élevé en grade ou en naissance. »

Que la prétention de vouloir passer pour le premier capitaine du siècle des Turenne et des Condé fût exagérée, je l'accorde; mais ce que Saint-Simon eût dû reconnaître, c'est que le nom de Vendôme est justement resté célèbre parmi les grands généraux d'un règne qui en a compté de si illustres; ce qu'il eût dû reconnaître, avec l'auteur du *Siècle de Louis XIV,* « c'est que Vendôme, avec une bravoure à toute épreuve, avait sur le champ de bataille le coup d'œil du génie, une présence d'esprit; des lumières que le péril rendait plus vives, et un art merveilleux d'enlever le soldat; c'est que les soldats n'aimaient pas seulement ce général, qui avait passé par tous les grades, *pour sa familiarité,* mais aussi pour sa franchise, pour sa bonté, pour son désintéressement rare jusqu'à dédommager de ses propres deniers les troupes auxquelles il avait interdit le pillage (¹). » Tous auraient donné leur vie pour le tirer d'un mauvais pas, où la précipitation de son génie l'engageait quelquefois (²), et Catinat le dépeignait comme *un de ces héros fabuleux qui défient la foudre.* « Ce grand duc de Vendôme, dit le savant auteur de l'Histoire du Vendomois, put, seul, tenir tête au prince Eugène en Italie, conquit l'Espagne pour Philippe V, et ombragea de ses lauriers la vieillesse malheureuse de Louis XIV. Le nom de Vendôme devait être entouré de gloire jusqu'à la fin, et, si l'on excepte Henri IV, le dernier de ses ducs est celui qui l'a le plus illustré (³). »

C'est encore au livre de Saint-Simon, livre si plein de faits et de détails sur la vie publique et privée de presque tous les personnages de la cour de Louis XIV, qu'il faut de-

---

(¹) Voltaire, Siècle de Louis XIV, t. XV, p. 292, éd. de 1756.

(²) On cite, comme un bel exemple du dévouement qu'inspirait Vendôme, ce trait : Un soldat ennemi le couchant en joue, son capitaine des gardes, appelé Cotteron, se jeta devant lui et reçut le coup en travers du corps. — H. Martin, Histoire de France, t. XI, p. 448.

(³) De Pétigny, Histoire du Vendomois, p. 381.

mander le portrait du grand-prieur de France. Cet écrivain,
qui, ainsi qu'on l'a remarqué justement, occupe dans les
lettres une place unique, celle du grand seigneur, a une
austérité qui quelquefois dégénère en cynisme. « Il faut,
dit un critique, il faut être Saint-Simon, duc et pair, historien secret, ordonnant que ses Mémoires ne soient publiés
que quarante ans après sa mort, pour parler des hommes
et des choses comme on n'ose plus le faire aujourd'hui.
Il y a des grandeurs dans le XVIIe siècle; mais les misères
égalent presque les grandeurs; ce sont les misères que
Saint-Simon révèle au public (1). »

Voyons donc quelles sont celles que va encore nous dé-
voiler « ce grand peintre dont le génie tout spécial saisit les
physionomies, les gestes, les moindres mouvements de l'âme
et du corps, ce merveilleux observateur du détail et de la
forme de toutes choses, ce *curieux* par excellence (2). »

Philippe était d'un an plus jeune que son frère; né en
1655, il avait été fait chevalier de Malte dès son enfance
« et, par le déplorable abus des bénéfices ecclésiastiques, il
était abbé de huit ou dix des plus vénérables monastères du
royaume, et entre autres de l'abbaye de la Trinité (3). » Il
mourut, en 1727, grand-prieur de l'orde de Malte.

« Intimement lié avec son frère, dit Saint-Simon, il en
avoit tous les vices. Sur la débauche, il avoit de plus que
lui d'avoir l'avantage de ne s'être jamais couché le soir depuis trente ans, que porté dans son lit ivre-mort, coutume
à laquelle il fut fidèle le reste de sa vie. Il n'avoit aucune
partie de général; sa poltronnerie reconnue étoit soutenue
d'une audace qui révoltoit; plus glorieux encore que son
frère, il alloit à l'insolence, et pour cela même ne voyoit
que des subalternes obscurs; menteur, escroc, fripon, vo-
leur, comme on l'a vu dans les affaires de son frère, malhon-
nête homme jusque dans la moëlle des os..., suprêmement
avantageux et singulièrement bas et flatteur aux gens dont
il avoit besoin, et prêt à tout faire et à tout souffrir pour
un écu, avec cela le plus désordonné et le plus grand dissi-
pateur du monde. Il avoit beaucoup d'esprit et une figure
parfaite en sa jeunesse, avec un visage autrefois singulièrement beau: en tout, la plus vile, la plus méprisable et en

(1) Taine, article critique sur les Mémoires de Saint-Simon,
Journal des Débats, 31 juillet 1856.
(2) H. Martin, Histoire de France, t. XV, p. 121.
(3) De Pétigny, Histoire du Vendomois, p. 387.

même temps la plus dangereuse créature qu'il fût possible (1). »

Messieurs, j'ai dû faire les réserves de l'histoire dans le portrait du duc de Vendôme peint par Saint-Simon ; je voudrais, pour l'honneur du grand-prieur, pouvoir ici faire les mêmes réserves ; mais, à mon tour, je cesserais d'être impartial, et ses contemporains, que je sache, ont trouvé peu de choses à retrancher des lignes sévères que je viens de vous lire. Cependant, cette poltronnerie, qui étonne d'abord chez un petit-fils d'Henri IV, n'est point avouée par tous les historiens. Je vois, en effet, dans les mémoires de La Fare, « que le Chevalier se conduisit en homme aux côtés même de M. de Turenne, qu'il ne quitta pas à la bataille de Zeinheim, et que cette action fut la troisième dont il prit sa part (2). » Boileau, dans l'épître au Roi où se trouve sa fameuse description du passage du Rhin, composée un mois après cette action mémorable, nomme les chefs qui traversèrent le fleuve à la vue de l'ennemi :

> Vendôme, que soutient l'orgueil de sa naissance,
> Au même instant dans l'onde impatient s'élance,

et lorsque Boileau, qui, il est vrai, n'était point encore nommé historiographe de France, préludait par ces vers à des fonctions qu'il ne remplit jamais, « le Chevalier de Vendôme, dit un commentateur du poëte, n'avait pas encore dix-sept ans ; il ne laissa pas de traverser le Rhin à cheval ; il gagna même un drapeau et un étendard, qu'il apporta au Roi (3). » Le savant M. Weiss a écrit dans la *Biographie universelle*, publiée sous sa direction, « que le grand prieur se distingua à la prise de Namur et à divers combats. « Je trouve enfin ces lignes dans l'ouvrage déjà cité de M. de Pétigny, dont le nom a ajouté une gloire à celles du Vendomois, sa patrie adoptive : « Ce prince s'était signalé par sa valeur héréditaire dans sa race ; à quatorze ans, il avait accompagné son oncle, le duc de Beaufort, au siége de Candie, et il s'était distingué à côté de son frère à Steinkerque, à la Marsaille, au passage du Rhin (4). »

Nous voilà loin de cette lâcheté que lui reproche Saint-Simon, et dont je tenais à disculper un prince de Vendôme ;

<hr>

(1) Mémoires de Saint-Simon, t. V, p. 140.
(2) La Fare, Mémoires (Collect. Michaud), t. XXXII, p. 273.
(3) Boileau, épître iv, éd. Changuion, 1743.
(4) De Pétigny, Hist. du Vendomois, p. 387.

et d'ailleurs nous savons que ce grand-prieur accordait aux gens de lettres une protection éclairée et tenait table ouverte aux poëtes; on y faisait chère lie, on y improvisait des vers, on y discutait librement ; toutes choses rares et agréables ; n'était-ce pas assez pour y attirer La Fontaine ? et cette généreuse hospitalité n'est-elle pas au moins, pour me servir de l'expression de Saint-Simon, *le canal unique* par lequel puisse passer un peu d'indulgence pour ce spirituel débauché?

Le grand-prieur habitait à Paris le Temple ; vous savez, Messieurs, comment un ordre qui, dans sa première origine, avait été créé pour le soulagement des pèlerins malades, était devenu un ordre militaire dont le nom même avait changé trois fois, et que, depuis la chute du royaume de Godefroy de Bouillon, le double but de son institution, charitable et guerrier, s'était bien modifié quand, au XVIIe siècle, Philippe de Vendôme était grand-prieur de France. C'est en cette qualité qu'il habitait l'ancienne demeure des Templiers, échue à son ordre dans le partage de leurs biens; et c'est dans cette vieille tour féodale qu'il faut maintenant pénétrer pour y trouver les princes de Vendôme et leur joyeuse société.

Le Temple n'existe plus; malgré les funèbres souvenirs qui s'y rattachaient, je regrette la disparition de cette antique demeure. « Il y a trop de souvenirs dans cette prison-là, disait Bonaparte, consul, un jour qu'il la visitait ; je la ferai abattre. » Et l'empereur tint la parole du premier consul. Bien d'autres monuments ont été démolis ; mais l'habitude de les voir tomber ne rendra jamais l'antiquaire insensible à leur perte. Un livre ou une gravure à la main, il aime à reconstruire en pensée les monuments que le temps ou les hommes n'ont pas respectés. Permettez-moi donc, Messieurs, une dernière digression, qui, cette fois du moins, sera presque archéologique, et avant d'entrer chez le grand-prieur, reconstruisons sa demeure. Un auteur qui écrivait en 1752 sera notre guide.

« Le terrain que Le Temple occupe est vaste ; enfermé de hautes murailles antiques garnies de créneaux et soutenues de tours d'espace en espace, comme une ancienne citadelle. Au milieu s'élèvent cinq tours fort exhaussées, construites vers l'année 1303, lesquelles ont longtemps servi d'arsenal et de magasin d'armes (¹). C'est où l'on conserve

(¹) C'est vers le milieu du XIIe siècle que les moines-chevaliers

à présent les titres et les archives de l'ordre de Malte, et
où se tiennent les chapitres provinciaux de la nation de
France.

« La maison qui est destinée aux grands-prieurs, enfer-
mée dans l'enclos du Temple, a été construite par les soins
du grand-prieur Jacques de Souvré, sous le roi Louis XIII ;
mais la mort l'ayant prévenu trop tôt, l'édifice était demeuré
imparfait, personne n'y ayant fait travailler depuis que fort
légèrement. La cour est entourée d'une espèce de péristyle
à colonnes couplées. Le corps de logis est au fond de la cour,
mais peu élevé et sans aucune proportion avec tout le reste.
La grande porte qui donne sur la rue est accompagnée de
colonnes doriques isolées, au milieu d'une longue façade de
maçonnerie dont l'invention est des plus communes. Tout
cet ouvrage ne fait rien voir de beau, quoiqu'il soit d'une
grande apparence et qu'il ait beaucoup coûté (1). »

Vous remarquez, Messieurs, que l'auteur de cette description, Germain Brice, admirait peu le Temple ; je ne sais
s'il faut apporter une foi entière à son goût architectural ;
il ajoute en effet, quelques lignes plus bas, que « l'église du
Temple est d'une structure ancienne et grossière, élevée,
dit-on, sur le modèle de celle de Saint-Jean de Jérusalem. »
Et un auteur moderne nous apprend que cette église était
de construction romane, qu'elle avait un portail en forme
de dôme, et qu'elle renfermait les mausolées élevés à des
chevaliers du Temple et de Malte (2). Les églises romanes,
qu'au XVIIIe siècle on qualifiait de *structure grossière*, sont
devenues assez rares, pour qu'il soit permis, malgré les
imitations qu'on en fait aujourd'hui, de déplorer la perte
de celle des Templiers.

« Il faut savoir, nous dit encore Germain Brice, qu'il se
trouve grand nombre de maisons enfermées dans le vaste enclos du Temple ; c'était, de temps immémorial, un lieu
d'asile aux criminels, aux débiteurs et aux ouvriers qui
travaillaient sans maîtrise ; ces derniers s'y retiraient pour
jouir des franchises et être exempts de la visite des juréz de
la ville. » Grâce à ces priviléges, l'enclos du Temple se

du Temple commencèrent leurs constructions, dans un vaste
marais, hors des murs de la ville ; la grosse tour fut bâtie en 1212.
—Chéruel, Dictionnaire des Institutions de la France, p. 1205.

(1) Description de la ville de Paris, par G. Brice, éd. de 1752,
tome II, p. 74.

(2) Th. Lavallée, Histoire de Paris, 1852, p. 291.

couvrit de maisons, qui, louées à des prix très-élevés, pro-
curaient un revenu considérable au grand-prieur, lequel y
avait d'ailleurs droit de haute et basse justice; le grand-
prieuré de France donnait 60,000 livres de revenu.

Ce lieu d'asile des malfaiteurs était bien digne de devenir
le dernier refuge des revendeurs et des guenilles du luxe
parisien, et les sombres halles de ce triste marché, qu'on
démolit aujourd'hui, ont du moins, parmi tant d'autres dé-
molitions, cette rare bonne fortune de n'être regrettées de
personne.

Maintenant, Messieurs, que les Mémoires de Saint-Simon,
tempérés par l'impartialité de l'histoire, nous ont fait connaître le duc de Vendôme et le grand-prieur, son frère,
deux connaissances assez dangereuses peut-être, si nous avions
été de leur intimité; maintenant que nous savons
que le grand-prieur de Malte habitait le vaste hôtel bâti au
milieu de l'enclos fortifié du Temple, il est temps enfin de
chercher quelles relations ces deux princes eurent avec quelques poëtes contemporains, dont La Fontaine est le plus illustre.

II.

Vers la fin du XVIIe siècle, *la querelle des anciens et des
modernes*, véritable guerre littéraire, semble avoir été l'un
des symptômes de la transition d'une période à une autre
toute différente; c'était une révolte contre les opinions do-
minantes, une révolte contre l'esprit ancien en faveur de
l'esprit moderne. Mais, chose remarquée par tous les historiens de cette lutte, ce fut précisément les écrivains auxquels
la grande époque littéraire de Louis XIV dut sa gloire, qui,
contre Perrault, Fontenelle et leurs partisans, se firent les
défenseurs de l'antiquité, et La Fontaine fut de ceux qui
prirent parti pour elle. « Nous ne saurions, dit-il, aller plus
avant que les anciens; ils ne nous ont laissé que la gloire de
les bien suivre. » Il se croyait très-inférieur à Phèdre, et l'on
sait que Fontenelle disait que c'était *par bêtise* qu'il se jugeait ainsi. « Mais, dit un savant historien, cette querelle
n'était pas le signal le plus menaçant de la révolution qui
commençait à s'opérer dans les esprits; le petit groupe des
esprits-forts envahissait rapidement autour de lui. Le Temple était le quartier général; Messieurs de Vendôme étaient
les chefs et les hôtes de cette société où régnaient les lettres
et les plaisirs, la licence spirituelle et l'incrédulité. Chaulieu,

La Fare, Saint-Aulaire, Vergier, Madame Deshoulières, qui se quatifiait sans façon de dixième Muse, — il y a eu beaucoup de ces dixièmes Muses, — charmaient les soupers du Temple par le feu de leur esprit et par ces vers piquants et faciles. La vieille Ninon et le vieux Saint-Evremond, retiré à Londres, étaient les patriarches de ce petit monde épicurien. La Fontaine s'y plaisait fort (¹). »

Ses véritables amis, tels que Racine et de Maucroix, s'affligèrent des nouvelles relations de La Fontaine, qui n'était que trop enclin à suivre les maximes du Temple; mais leur affection n'en fut point altérée; car ils savaient que son cœur était excellent; ils connaissaient bien celui qui, plus tard revenu sincèrement aux sentiments religieux de ses illustres amis, répondait avec son admirable naïveté à son confesseur l'engageant à faire quelque aumône : « Je n'ai rien, mais on imprime une nouvelle édition de mes Contes ; je vous en donnerai tous mes exemplaires, et vous les vendrez au profit des pauvres. »

Cependant La Fontaine n'était plus jeune lorsqu'il fut accueilli chez les princes de Vendôme; né le 8 juillet 1621, il avait déjà soixante-trois ans lorsqu'il entra dans cette société où le libertinage donnait le ton. « Mais ses goûts, dit son biographe, étaient encore jeunes et joyeux, et il ne se ressentit que trop de l'influence de ses nouvelles liaisons. C'est ainsi que le premier effet fut de lui faire rompre l'engagement qu'il avait pris de ne plus composer de nouveaux contes, et la promesse qu'il avait faite à ce sujet, en vers et publiquement, il l'abjura de même dans le prologue du conte de *la Clochette* (²). »

> Oh ! combien l'homme est inconstant, divers,
> Faible, léger, tenant mal sa parole !
> J'avais juré, même en assez beaux vers,
> De renoncer à tout conte frivole ;
> Et quand juré ? c'est ce qui me confond ;
> Depuis deux jours j'ai fait cette promesse.
> Puis fiez-vous à rimeur qui répond
> D'un seul moment ! Dieu ne fit la sagesse
> Pour les cerveaux qui hantent les neuf sœurs :
> . . . .
> .... d'être sûrs, ce n'est là leur affaire.

(¹) H. Martin, Histoire de France, t. XIV, p. 254.
(²) Walkenaer, Hist. de la Vie et des Ouvrages de La Fontaine, p. 348.

La Fontaine donc continua de conter, comme c'était sa nature ; c'est aux princes de Vendôme qu'on doit la naissance de ses derniers contes, « malheureusement plus licencieux que les premiers, dit Walkenaer, et qui ne purent, comme ceux-ci, paraître avec privilége du Roi. » Mais, si la morale gémit trop souvent, le conteur conte si bien, que je vous laisse, Messieurs, le soin de décider s'il faut savoir gré au duc de Vendôme, ou gémir avec la morale. J'en connais qui, tout en tenant fort pour la morale, se donnent parfois la jouissance d'esprit de relire quelques-uns de ces contes... que vous avez tous voulu lire au moins une fois, pour les maudire en connaissance de cause ; et contrairement au vieil adage de palais qui dit qu'en droit la forme emporte le fond, peut-être, charmés par tant d'esprit, de malice et de style, pensez-vous qu'en poésie la forme sauve le fond.

La Fontaine recevait une pension du duc de Vendôme ; l'abbé de Chaulieu était chargé de la lui payer ; cet abbé frivole, ce poëte à la muse facile et légère que Saint-Simon appelle « un agréable débauché de fort bonne compagnie, homme de fort peu, mais de beaucoup d'esprit, de quelques lettres et de force audace, qui faisoit aisément de jolis vers, qui n'étoit que tonsuré, se prétendoit gentilhomme et qui ne se piquoit pas de religion, » l'abbé de Chaulieu était devenu l'administrateur des biens de Messieurs de Vendôme. C'est au château d'Anet que le duc tenait une véritable cour ; sa fortune n'y pouvait suffire. « Sire, disait-il un jour au Roi, j'espère qu'après la campagne, Votre Majesté me permettra d'aller dans le gouvernement qu'elle m'a fait l'honneur de me donner. — Monsieur, lui dit le Roi, quand vous saurez bien gouverner vos affaires, je vous donnerai le soin des miennes (1). » Le grand état de sa maison, sa générosité naturelle avaient porté dans ses affaires un tel désordre, qu'il fallut songer à y remédier. « Cette grave résolution, dit l'auteur d'une notice sur Chaulieu, fut tempérée par un choix badin ; le duc de Vendôme confia la réparation de sa fortune à Chaulieu, et ce fut aux sons de la lyre du poëte à charmer les créanciers. Au moment de se métamorphoser en intendant, Chaulieu appartenait à la troupe folâtre de ces petits abbés moitié lévites et moitié païens qui vivaient d'esprit, d'abus et de complaisances auprès des femmes et des grands ; il avait apporté dans le monde l'indigence d'un cadet de Normandie et la paresse

_____

(1) Lettre de Mme de Sévigné, 8 avril 1676.

d'un joyeux épicurien (¹). » Mauvaises qualités pour un intendant. Ce fut Chapelle qui lui procura la direction de la
fortune du duc, et quoiqu'il y ait, assure-t-on, dans la cer-
velle de tout Normand, un coin privilégié d'ordre et de
finesse dans les affaires d'argent, la vie voluptueuse de l'intendant est plus connue que son administration.

Mais, s'il ne sut pas rétablir l'ordre dans les finances qui
lui étaient confiées, il ne fut pas le seul coupable, et lorsque
le duc de Vendôme le pria de cesser de prendre soin de ses
intérêts, « ce fut, dit Saint-Simon, un compliment amer au
grand-prieur, qui faisoit siens les revenus de son frère et en
donnoit quelque chose à l'abbé de Chaulieu. Jamais il ne le
pardonna sincèrement à son frère, et ce fut l'époque, quoi-
que sourde, de la cessation de leur identité, car leur union
se pouvoit appeler telle. L'abbé de Chaulieu eut une pension
de 6,000 livres de M. de Vendôme, et eut la misère de la
recevoir (²). »

Saint-Simon, dont la flatterie est le moindre défaut, est
sévère pour Chaulieu, qui le méritait bien, et qui ne trouva
point sans doute que la pension du duc fût inutile pour sou-
tenir le joyeux train de vie dont il avait pris l'habitude dans
les principes de cette philosophie sensuelle qui était celle de
son protecteur; et peut-être *cet Anacréon du Temple*, ainsi
que l'appelait Voltaire, pensa-t-il que ce n'était point trop
payer l'épithalame qu'il avait composé pour le mariage du
duc de Vendôme, les chansons, les odes et les petits vers
qu'il avait adressés à lui et au grand-prieur.

Mais La Fontaine et Chaulieu n'étaient point les seuls qui
célébrassent leur protecteur; tous le chantaient à l'envi, et
il n'est guère de ses batailles dont le canon n'ait réveillé
quelque muse; il semble que si, *par son élan, Vendôme
avait l'art merveilleux d'enlever le soldat*, il avait aussi,
par son goût pour les plaisirs de l'esprit, l'art non moins
merveilleux, sinon d'inspirer les poëtes, du moins d'exciter
la verve des rimeurs. Parmi les nombreuses pièces que je
trouve dans un curieux recueil (³), et à côté du célèbre et
cynique impromptu que fit Palaprat pour un portrait du
duc, qui venait de prendre Barcelone, je suis heureux de
rencontrer une chanson où l'auteur anonyme vante le désintéressement du général. Du reste, Vendôme lui-même, dit-

(¹) Lemontey, Poésies de Chaulieu, éd. Fromont, 1825.
(²) Saint-Simon, t. II, p. 277.
(³) Nouveau Siècle de Louis XIV. *Passim.*

on, tournait assez agréablement les couplets, et je vous en
citerais un, si tout le sel ne se trouvait dans un dernier
vers qui sans doute au Temple se chantait tout haut, mais
qui aujourd'hui ne peut se lire que tout bas.

Quoi qu'il en soit des vers du duc et de l'administration
de sa fortune, confiée aux mains plus ou moins fidèles de
Chaulieu, ce que l'on sait, c'est, comme je l'ai dit, que l'in-
tendant-poëte était chargé de payer la pension à La Fontaine. Celui-ci nous l'apprend dans ses épîtres au duc de
Vendôme, dont je dois maintenant vous entretenir.

III.

En 1689, tandis que le duc se battait sur le Rhin, le
grand-prieur était revenu passer le carnaval à Paris et faisait au Temple ses orgies accoutumées. La Fontaine s'y trouvait souvent, et, malgré ses soixante-huit ans, il paraît qu'il
y prenait encore grand plaisir, comme il nous l'apprend lui-
même à la fin de l'épître qu'il adressa, à cete époque, à son
protecteur. Le poëte, dans cette épître, débute par un compliment ; c'est l'usage quand un poëte écrit à un grand personnage, et si le personnage vous fait une pension, tout le
monde, sur ce point, est un peu poëte.

> Prince vaillant, humain et sage.

Sage !... le duc de Vendôme !... Mais nous savons que *le
Bonhomme* avait souvent des distractions, et je pense que,
quand il écrivait ce mot, il avait quelque pressant besoin de
toucher sa pension.

> Prince vaillant, humain et sage,
> Avouez-nous que l'assemblage
> De ces trois bonnes qualités
> Vaut mieux que trois principautés.

Nous sommes, cette fois, tous d'accord avec le poëte, qui,
parlant ensuite des victoires de son protecteur, ne manque
pas d'adresser un éloge au Roi, malheureusement à propos
de l'acte le plus triste de son règne, tant à cette époque les
esprits-forts eux-mêmes, comme alors l'était La Fontaine,
comprenaient peu la liberté de conscience, et arrive enfin
au but de sa lettre, à sa pension.

Cependant d'un soin obligeant
L'abbé m'a promis quelque argent.
Amen ! et le Ciel le conserve !
. . . .
Il veut accroître ma chevance (¹).
Sur cet espoir, j'ai par avance
Quelques louis au vent jettés,
Dont je rends grâce à vos bontés.
Le reste ira, sans point de faute,
(Ou bien je compte sans mon hôte,
Le paillard m'a dit aujourd'hui
Qu'il faut que je compte avec lui.
Aimez-vous cette parenthèse?)
Le reste ira, ne vous déplaise,
En vins, en joie, *et cœtera.*
Ce mot-ci s'interprétera....

C'est affaire à vous, Messieurs, de chercher l'interprétation, si mieux vous n'aimez lire celle que La Fontaine lui-même prend soin de donner. Quant à moi, fidèle à ma promesse, je mets des points....

Ainsi l'argent du duc s'en allait

En vins, en joie, *et cœtera.*

Et en effet, où vouliez-vous qu'il allât? La Fontaine habitait la maison hospitalière de Madame de la Sablière, qui fournissait à tous ses besoins; paresseux, grand dormeur, ne travaillant qu'à son temps ,

....Volage en vers comme en amours (²),

épicurien à sa façon, moraliste presque toujours irréprochable dans ses fables, licencieux dans ses contes, inimitable sans le savoir, prenant le plaisir partout où il le rencontrait, cachant ses vertus, commettant et avouant ses fautes avec la même naïveté, La Fontaine pouvait-il dépenser en choses sérieuses un argent qui lui venait du duc de Vendôme, en passant par les mains de l'abbé de Chaulieu? Et l'or, ainsi que son possesseur insouciant l'a dit de lui-même,

L'or s'en alla comme il était venu.

Après l'interprétation de son *et cœtera,* La Fontaine cherche quelle nouvelle il apprendra au général éloigné de

(¹) Mon bien.
(²) La Fontaine.

Paris; il n'en connaît point apparemment qui lui soit plus agréable que les nouvelles du Temple, de ses hôtes et de ses soupers, de ses soupers surtout; car, « le duc, dit encore Saint-Simon, étoit grand mangeur, d'une gourmandise extraordinaire, et ne se connaissoit à aucun mets. » Et le duc de Vendôme n'était pas le seul gourmand indigne, dans cette compagnie où l'esprit pétillait encore plus que le vin. La Fare, ami de Chaulieu, commensal du Temple, poëte négligé, mais d'une douce insouciance et d'une aimable gaîté, « un homme, selon Saint-Simon, que tout le monde aimoit, étoit grand gourmand, et au sortir d'une maladie, il se creva de morue, et en mourut d'indigestion. » Merveilleux progrès de notre civilisation ! Quel gourmand aujourd'hui oserait *se crever* autrement que trop plein de truffes !

> Pour nouvelles de par-deçà,
> Nous faisons au Temple merveilles.
> L'autre jour on but vingt bouteilles;
> Regnier en fut l'architriclin (¹).
> La nuit étant sur son déclin,
> Lorsque j'eus vidé mainte coupe,
> Langeamet, aussi de la troupe,
> Me ramena dans mon manoir.
> Je lui donnai, non le bonsoir,
> Mais le bonjour; la jeune Aurore,
> En quittant le rivage maure,
> Nous avait à table trouvés,
> Nos verres nets et bien lavés,
> Mais nos yeux étant un peu troubles,
> Sans pourtant voir les objets doubles.
> Jusqu'au point du jour on chanta,
> On but, on rit, on disputa,
> On raisonna sur les nouvelles ;
> Chacun en dit, et des plus belles.

Je vous disais en commençant que nous assisterions à un souper du Temple; pouvions-nous choisir un meilleur guide que La Fontaine lui-même ? Ne nous figurons-nous pas, après cette charmante description, et quand ils avaient bu assez pour troubler leur vue, mais non leur esprit, quelles devaient être les nouvelles que racontaient des convives qui se nommaient les deux Vendômes, La Fare, Quinault, Chaulieu, La Fontaine lui-même, hôte rêveur et taciturne souvent, mais qui ce soir-là *avait ri, chanté, disputé et vidé mainte coupe* ? Il continue:

(¹) Le maître-buveur.

Le grand-prieur eut plus d'esprit
Qu'aucun de nous sans contredit.
J'admirai son sens ; il fit rage.
Mais, malgré tout son beau langage
Qu'on était ravi d'écouter,
Nul ne s'abstint de contester.
Je dois tout respect aux Vendômes ;
Mais j'irais en d'autres royaumes,
S'il leur fallait en ce moment
Céder un ciron seulement.

Messieurs, voilà un trait qui me fait pardonner au poëte et cette petite débauche et l'adjectif *sage* du premier vers,

Je dois tout respect aux Vendômes ;
Mais j'irais en d'autres royaumes,
S'il leur fallait en ce moment
Céder un ciron seulement.

Le libre caractère du poëte se révèle dans ces vers, et vis-à-vis même de protecteurs si puissants, qui lui font un peu oublier l'éloignement injuste de Louis XIV, ce roi de trop galante jeunesse qui ne lui pardonna ni la licence de ses Contes, ni l'indépendance de son esprit, La Fontaine entend garder toute sa liberté, et déclare à l'aîné des Vendômes que sur ce point il ne veut leur *céder un ciron seulement.* Nous sommes loin, vous le voyez, « de ces adorateurs dont nous a parlé Saint-Simon, adorateurs de ce demi-dieu qui soutenait des thèses ineptes, sans que personne osât, non pas contredire, mais ne pas approuver. » Et une égale part de louange revient *à ce demi-dieu* qui, avec le caractère que nous lui connaissons, laissait au poëte qu'il pensionnait le droit de tout contester.

La Fontaine finit son épître en souhaitant au général *la victoire, chance à tous jeux, de la santé,* et, ainsi qu'au grand-prieur et à lui-même, *cent ans de bon aloi.* Ce dernier vœu ne fut pas exaucé ; le duc mourut en Espagne à 57 ans, le grand-prieur âgé de 72 ans, et La Fontaine ne dépassa que de neuf mois sa 73e année,

Deux ans plus tard, en 1691, il adressait une seconde épître au duc de Vendôme, pendant la convalescence d'une maladie qui avait fait craindre pour ses jours.

Prince, qui faites les délices
Et de l'armée et de la cour,
Du vieux soldat et des milices,
Et de toute la gent qu'assemble le tambour,

> Le bruit de votre maladie
> A fait trembler pour votre vie.

Ici, La Fontaine est d'accord avec Saint-Simon lui-même, qui nous a dit, dans le long extrait de ses Mémoires que je vous ai lu, que le général était adoré de ses soldats.

> Il n'est pèlerinage où nous n'ayons songé ;
> Que si personne n'a bougé,
> C'est que le monarque lui-même
> Rassura d'abord les esprits ;
> Et ce qu'il dit vint à Paris
> Avec une vitesse extrême.
> Sans cela tout était perdu :
> Le poëte avait l'air d'un rendu,
> ....d'un ermite,
> ....
> D'un déterré, bref, d'un qui n'a
> Vu de longtemps plat ni marmite.
> Il semblait, à me voir, que je fusse aux abois.

Sa douleur sans doute était grande, pas assez cependant pour qu'il prît l'engagement de suivre l'exemple d'un conseiller au parlement qu'il nomme, et qui, à la mort de sa femme, s'était retiré dans un couvent des camaldules ;

> Car est-ce vivre, à votre avis,
> Que de fuir toutes compagnies,
> Plaisants repas, menus devis,
> Bon vin, chansonnettes jolies,
> En un mot, n'avoir goût à rien ?
> Dites que non, vous direz bien.

La Fontaine, en effet, qui avait si souvent oublié qu'il avait une femme, et bien vivante, pouvait-il comprendre qu'on n'oubliât pas au plus vite une femme, quand elle est morte ? Aussi déclare t-il que, pour son compte, il renonce à toute retraite.

> Tant que votre altesse, Seigneur,
> Et celle encor du grand-prieur,
> Aurez une santé parfaite,
> Je renonce à toute retraite.

Cependant, s'il avait le malheur de perdre un des princes de Vendôme, il est un prieuré dans lequel il se réfugierait ; c'est celui de Saint-Germain de la Truite, l'un des quatre prieurés dont l'abbé de Chaulieu, prieur indigne, touchait gravement et gaîment mangeait les revenus.

> Mais, dès qu'il vous arrivera
> Le moindre mal, on me verra
> Vite à Saint-Germain de la Truite
> Frère servant d'un autre ermite,
> Qui sera l'abbé de Chaulieu.
> Sur ce, je vous commande à Dieu.

Espérons pour le duc de Vendôme que ce dernier vœu fut entendu, venant de ce *bonhomme* si bon, que Dieu, a-t-on dit, n'aurait jamais le courage de le damner.

En cette même année 1691, La Fontaine adressa encore une épître en vers à notre duc de Vendôme, et l'entretint des succès de Catinat en Italie.

> Ce général n'a guère son pareil ;
> Bon pour la main et bon pour le conseil.
> De vous, Seigneur, on en peut autant dire.

La Fontaine, qui, pour avoir fait savamment combattre des rats et des belettes, pouvait être mauvais juge des talents divers de ces deux généraux, La Fontaine avait même le droit de mettre Vendôme, son bienfaiteur, au-dessus de Catinat ; je lui pardonnerais cette préférence, et d'ailleurs l'épître semble faite à l'approche du quartier d'hiver de sa pension.

> ......Sur ce, je finirai,
> Vous assurant que je suis et serai
> De votre altesse humble et servant poëte,
> Qui tous honneurs et tous biens vous souhaite.
> Ce mot de biens, ce n'est pas un trésor :
> Car chacun sait que vous méprisez l'or.
> J'en fais grand cas ; aussi fait sire Pierre,
> Et sire Paul, enfin toute la terre.
> Toute la terre a peut-être raison.
> Si je savais quelque bonne oraison
> Pour en avoir..........
> Je la dirais de la meilleure grâce
> Que j'en dis onc : grande stérilité
> Sur le Parnasse on a toujours été.

Ce mot, on le répète toujours, et, s'il faut y croire encore aujourd'hui, il est triste d'être obligé de croire aussi à la stérilité des poëtes eux-mêmes. Mais de cette pénurie d'argent, La Fontaine, mauvais ménager, se console aisément.

> . . . . Je me console,
> Si vers Noël l'abbé me tient parole.
> Je serai roi : le sage l'est-il pas ?
> Souhaiter l'or, est-ce l'être ? ce cas
> Mérite bien qu'à vous je m'en rapporte :
> Je tiens la chose à résoudre un peu forte.

Quelle solution *le sage* duc de Vendôme donna-t-il à cette question, que nos financiers savent si bien résoudre à leur profit ? L'histoire a gardé le silence sur la réponse ; mais si je suis parvenu à vous faire bien connaître le personnage auquel le poëte s'adresse, il m'est permis, Messieurs, de vous dire aussi :

> . . . . ce cas
> Mérite bien qu'à vous je m'en rapporte.

Ai-je besoin de répéter ici qu'en vous rappelant les trois pièces que je viens d'analyser imparfaitement, je n'ai point voulu autre chose que vous montrer les relations affectueuses de La Fontaine avec les princes ? Et si je ne vous ai cité que quelques vers légers et spirituels qui n'ajoutent rien à la gloire du grand poëte, c'est qu'il n'entrait pas dans mon dessein de vous entretenir des œuvres immortelles qui lui assurent cette gloire.

Outre ses trois épîtres, La Fontaine a dédié au duc de Vendôme la jolie pièce de *Philémon et Baucis*. On peut s'étonner peut-être que ce petit poëme d'amour conjugal si pur, si chaste, ait été dédié au duc de Vendôme, *ce pourceau du joyeux troupeau d'Épicure ;* mais La Fontaine ne le jugeait pas aussi sévèrement que faisaient beaucoup d'autres ; nous en avons vu quelques preuves dans les éloges qu'il lui adresse dans ses épîtres, et j'en trouve une nouvelle dans les vers qui terminent *Philémon et Baucis.* Le poëte espère que

> Quelque jour on verra chez les races futures,
> Sous l'appui d'un grand nom, passer ces aventures.
> Vendôme, consentez au los que j'en attends ;
> Faites-moi triompher de l'envie et du temps.

Oh ! cette fois, poëte, vous vous trompez ; il n'était pas besoin de *l'appui d'un grand nom* pour que *les races futures* redissent votre charmant récit ; tant que l'amour pur fera battre un cœur, tant que la tendre affection consolera notre

vieillesse, les jeunes amants et les vieux époux se souvien-
dront de *Philémon et Baucis,* dont

> Hyménée et l'Amour, par des désirs constants,
> Avaient uni les cœurs dès leur plus doux printemps.

La Fontaine ajoute en s'adressant au duc de Vendôme :

> Je voudrais pouvoir dire en un style assez haut
> Qu'ayant mille vertus vous n'avez nul défaut ;
> Toutes les célébrer serait œuvre infinie ;
> L'entreprise demande un plus vaste génie :
> Car quel mérite enfin ne vous fait estimer ?
> Sans parler de celui qui force à vous aimer.

Ce dernier mot explique tout ; quand on aime, on par-
donne. Mais entre l'auteur des Mémoires et le poëte, l'histoire a prononcé son jugement, faisant, dans la carrière du
duc de Vendôme, deux parts : l'une illustre et glorieuse,
c'est sa vie militaire ; l'autre justement flétrie, mais où res-
tent cependant son esprit et son cœur, c'est sa vie privée.
C'est de sa gloire militaire, la plus éblouissante de toutes les
gloires, et non pas toujours la plus pure, c'est de son esprit
et de son cœur dont ici La Fontaine nous parle ; et d'ailleurs qui blâmerait le poëte, louant son bienfaiteur, de
mettre à la Reconnaissance le bandeau que l'Amour lui a
trop souvent prêté ?

Et nous-mêmes, Messieurs, quel que soit le bandeau dont
nous puissions nous couvrir les yeux, voilons à demi la vie
de notre duc de Vendôme ; soyons reconnaissants à ce bel-
esprit d'avoir su choisir ses hôtes parmi les poëtes qu'il ac-
cueillait si généreusement, d'avoir été le protecteur de La
Fontaine ; soyons-lui reconnaissants surtout, le jour où
celui-ci, « excité par le mauvais état de sa fortune et par
l'ennui de ne plus voir que rarement son amie, Madame de
la Sablière, fut sur le point de se décider à passer en Angle-
terre, où l'appelait Saint-Evremond, où la duchesse de Bouillon voulait l'emmener (¹), » soyons-lui reconnaissants d'avoir
été l'un de ceux qui surent, par leurs largesses et leur ami-
tié, subvenir aux besoins du poëte le plus insouciant de ses
intérêts ; s'il ne put remédier au désordre de ses affaires,
c'est que La Fontaine était un de ces hommes qu'on ne pouvait enrichir ; et soyons fiers, nous autres Vendomois, de

---

(¹) Walkenaer, Histoire de la Vie et des Ouvrages de La Fontaine, p. 439.

penser que si La Fontaine n'alla pas vivre, et peut-être mourir à Londres, la France le dut au dernier duc de Vendôme.

Je crains, Messieurs, d'avoir abusé de votre patience, et je m'aperçois, après cette longue lecture, qu'il eût été plus sage de renvoyer ce travail à notre bulletin, où il vous eût été si facile de ne pas le lire.

(Extrait du Bulletin de la Société Archéologique du Vendomois.)

Vendôme. Impr. et Lith. Lemercier.